Impressum
Verlag: BABADADA GmbH, Nedderfeld 112 , 22529 Hamburg
Geschäftsführer / Verlagsleitung: Harald Hof
Druck: Books on Demand GmbH, In de Tarpen 42, 22848 Norderstedt

Imprint
Publisher: BABADADA GmbH, Nedderfeld 112 , 22529 Hamburg, Germany
Managing Director / Publishing direction: Harald Hof
Print: Books on Demand GmbH, In de Tarpen 42, 22848 Norderstedt

sekolo

el colegio

phapoši
el aula

go arola
dividir

186/2

boto
el pizarrón

jarata ya sekolo
el patio de la escuela

morutiši
el maestro

letlakala
el papel

ngwala
escribir

pene
la birome

tafola
el escritorio

rula
la regla

buka
el libro

barutwana
el alumno

peke

la mochila

kheise ya phensele

la caja de lápices

phensele

el lápiz

motšhene wa go betla
phensele

el sacapuntas

rabhara

la goma (de borrar)

phede ya ho thala

el bloc de dibujo

go thala

el dibujo

borashe ya go penta

el pincel

lepokisi la go penta

la caja de pinturas

sekero

la tijera

sekgomaretši

el pegamento

puku ya go ngwala

el cuaderno de ejercicios

mošomo wa gae

la tarea

nomoro

el número

tlatša

sumar

go ntšha

restar

go atiša

multiplicar

khalekhuleitha

calcular

lengwalo

la letra

alefapete

el abecedario

lentšu

la palabra

mongolo

el texto

bala

leer

tšhoko

la tiza

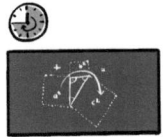

thuto

la lección

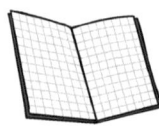

puku ya maina

el cuaderno de clase

thuto

el examen

setifikeite

el certificado

diaparo tša sekolo

el uniforme escolar

thuto

la educación

encyclopedia

la enciclopedia

yunibesithi

la universidad

maekrosekoupo

el microscopio

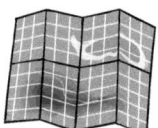

mmapa

el mapa

pasekete ya matlakala a ditšhila

el tacho (de basura)

eta
el viaje

hotele
el hotel
Grand
hosetele
el hostel
ROOMS
lefelo la go fetola tšhelete
la casa de cambio
EXCHANGE
sutukheise
la valija
koloi
el auto

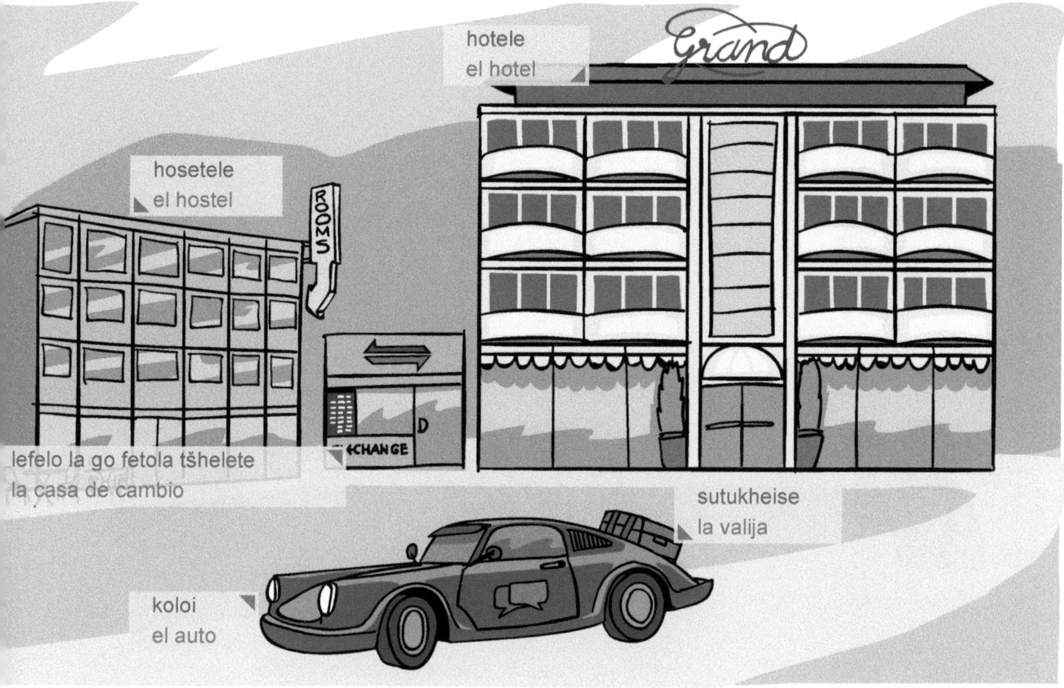

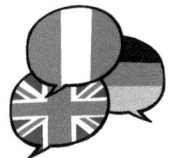

Leleme
el idioma

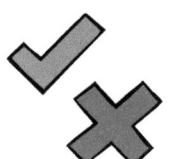

ee / aowa
sí / no

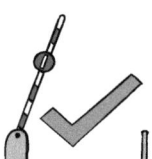

Go lokile
Está bien

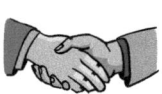

Dumela
hola

mofetoledi
el traductor

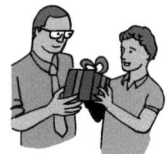

Re a leboga
Gracias

... ke bokae?

¿cuánto cuesta...?

ga ke kwešiše

No entiendo

bothata

el problema

Thobela!

¡Buenas tardes!

Meso e mebotse!

¡Buenos días!

Robala botse!

¡Buenas noches!

šala gabotse

el adiós

keletšo ya tsela

la dirección

peke

el equipaje

peke

el bolso

mokotla wa dipuku

la mochila

moeng

el invitado

phapoši

la habitación

pekana ya go robala

la bolsa de dormir

mokhukhu

la carpa

boitsebišo bja moeti

la información turística

lewatleng

la playa

karata ya mokitlana

la tarjeta de crédito

dijo tša mesong

el desayuno

matena

el almuerzo

dijo tša mantšiboa

la cena

thikethe

el pasaje

lifithi

el ascensor

setempe

el sello

border

la frontera

setlwaedi

la aduana

embassy

la embajada

visa

la visa

phasepoto

el pasaporte

senamelwa

el transporte

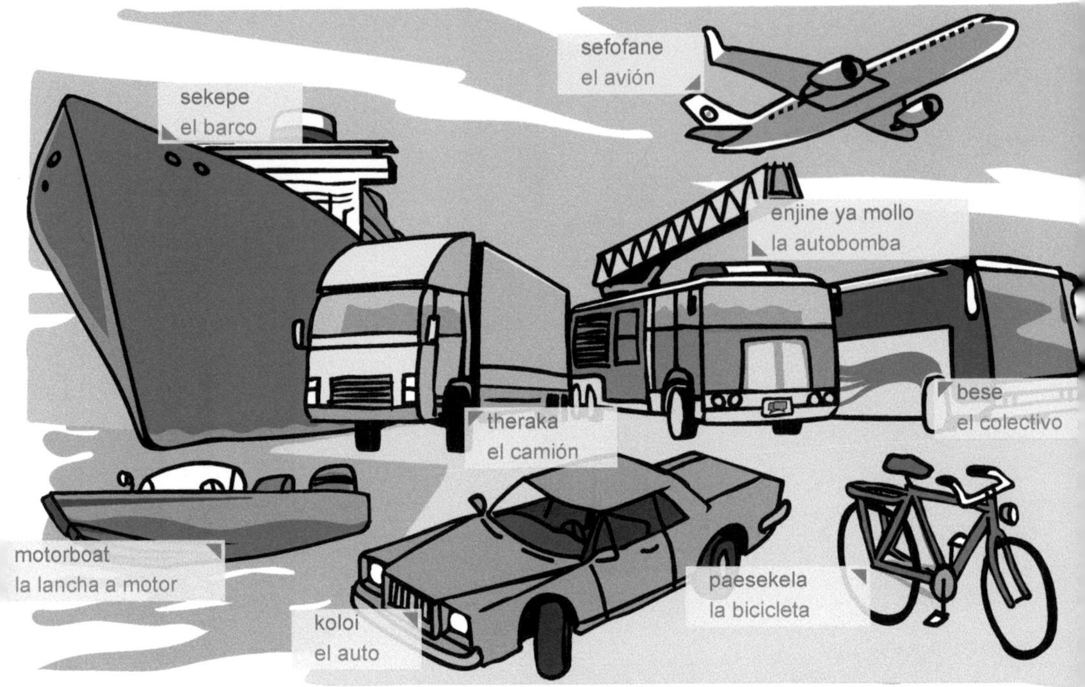
sefofane
el avión
sekepe
el barco
enjine ya mollo
la autobomba
bese
el colectivo
theraka
el camión
motorboat
la lancha a motor
paesekela
la bicicleta
koloi
el auto

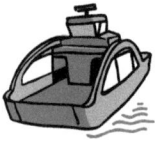

feri

el ferry

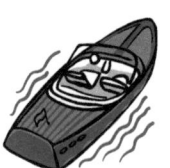

sekepe

el bote

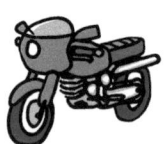

sethuthuthu

la moto

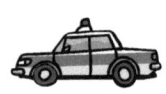

koloi ya maphodisa

el patrullero

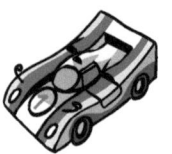

koloi ya go šiašiana

el auto de carreras

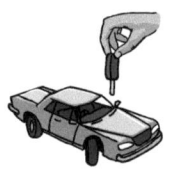

koloi ya go rentišwa

el auto de alquiler

go arogana koloi

el alquiler de autos

theraka ya go goga

la grúa

theraka ya ditlakala

el camión de la basura

mmotho

el motor

makhura

la nafta

seteišene sa makhura

la estación de servicio

leswao la therafiki

la señal de tránsito

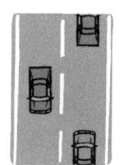

therafiki

el tránsito

therafiki

el embotellamiento

lefelo la go phaka dikoloi

el estacionamiento

seteišene sa terene

la estación de tren

tsela

las vías

terene

el tren

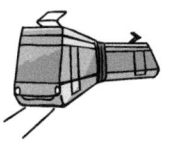

theramo

el tranvía

koloi

el vagón

sefofane

el helicóptero

boemafofane

el aeropuerto

serokami

la torre

monamedi

el pasajero

seswari

el contenedor

lepokisana

la caja de cartón

khathe

la carretilla

basket

la canasta

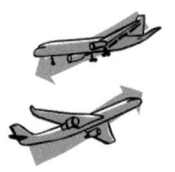

go tloga / go kwatama

despegar / aterrizar

toropo

la ciudad

motse

el pueblo

bogareng bja toropo

el centro de la ciudad

ntlo

la casa

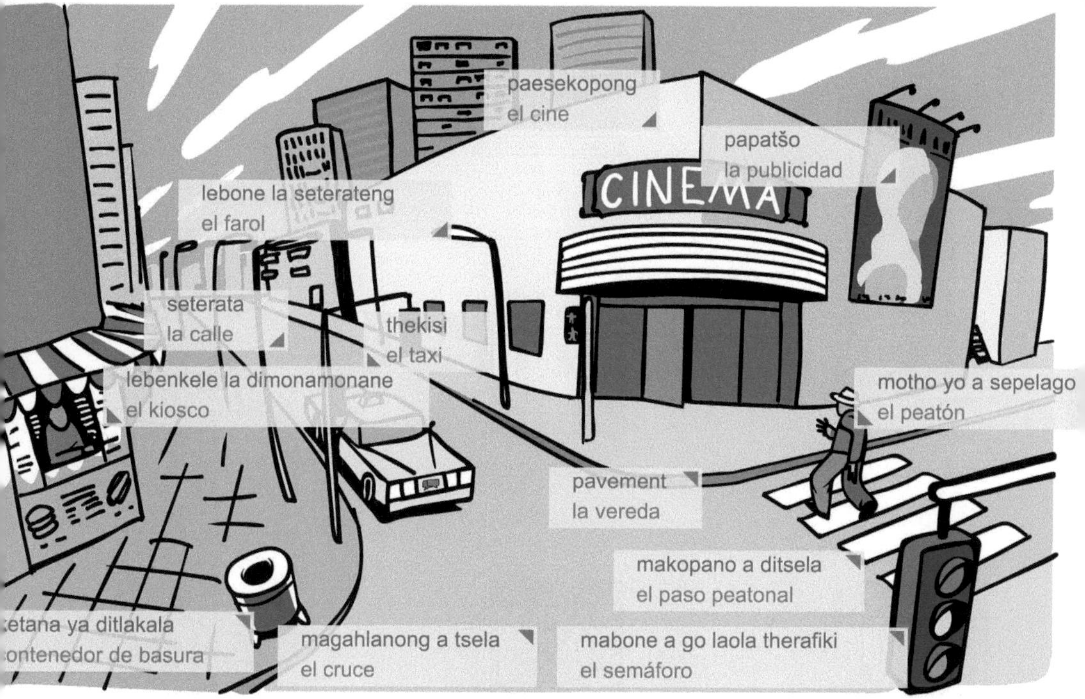

CINEMA
paesekopong
el cine
papatšo
la publicidad
lebone la seterateng
el farol
seterata
la calle
thekisi
el taxi
lebenkele la dimonamonane
el kiosco
motho yo a sepelago
el peatón
pavement
la vereda
makopano a ditsela
el paso peatonal
etana ya ditlakala
ontenedor de basura
magahlanong a tsela
el cruce
mabone a go laola therafiki
el semáforo

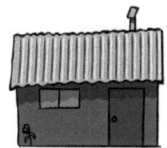

mokutwana

la cabaña

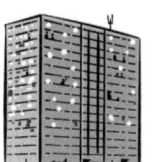

folete

el departamento

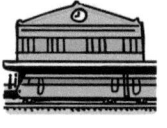

seteišene sa terene

la estación de tren

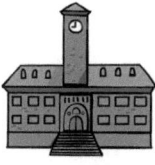

holo ya toropong

la municipalidad

MUSEUM

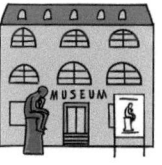

museamo

el museo

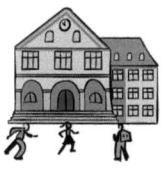

sekolo

el colegio

yunibesithi

la universidad

panka

el banco

sepetlele

el hospital

hotele

el hotel

lebenkele la dihlare

la farmacia

ofisi

la oficina

lebenkele la dipuku

la librería

lebenkele la dijo

el negocio

lebenkele la matšoba

la florería

lebenkele la dihlare

el supermercado

mmakete

el mercado

lebenkele la dilo tše dintši

las grandes tiendas

fishmonger's

la pescadería

lefelo la mabenkele

el centro comercial

boemakepe

el puerto

phaka

el parque

bench

el banco

leporogo

el puente

ditepisi

las escaleras

ka tlase

el subte

thanele

el túnel

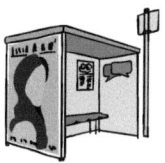

boemela pese

la parada del colectivo

bar

el bar

lebenkele la dijo

el restaurante

lepokisi la poso

el buzón

leswao la seterata

el letrero

mithara wa go phaka koloi

el parquímetro

zuu

el zoológico

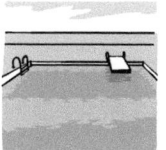

letamo la go rutha

la pileta

lefelo la mamoseleme

la mezquita

polasa

la granja

tšhilafalo

la contaminación

mabitla

el cementerio

kereke

la iglesia

lefelo la go bapala

los juegos infantiles

tempele

el templo

lefelo la dithaba

el paisaje

letlakala
la hoja

leswao la tsela
el poste indicador

tsela
el camino

lefelo kgauswi le noka
la pradera

letlapa
la piedra

mophara thaba
el excursionista

mohlare
el árbol

noka
el río

bjang
la hierba

letšoba
la flor

tsela

el valle

thaba

la montaña

letangwana la meetsi

el lago

sethokgwa

el bosque

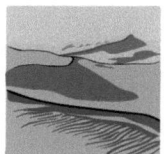

leganata

el desierto

thabamollo

el volcán

ntlo e kgolo

el castillo

molalatladi

el arco iris

mushroom

el champiñón

palm tree

la palmera

monang

el mosquito

fofa

la mosca

ditšhošwane

la hormiga

nosi

la abeja

segokgo

la araña

khunkhwane

el escarabajo

segwagwa

la rana

squirrel

la ardilla

noko

el erizo

mmutla

la liebre

leribiši

la lechuza

nonyana

el pájaro

mogolodi

el cisne

kolobe ya naga

el jabalí

phuthi

el ciervo

phuthi

el alce

letamo

la presa

wind turbine

el aerogenerador

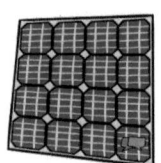

phanele ya solar

el panel solar

leratadima

el clima

lefelo la dithaba - el paisaje

lebenkele la dijo
el restaurante

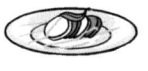

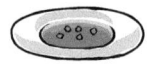

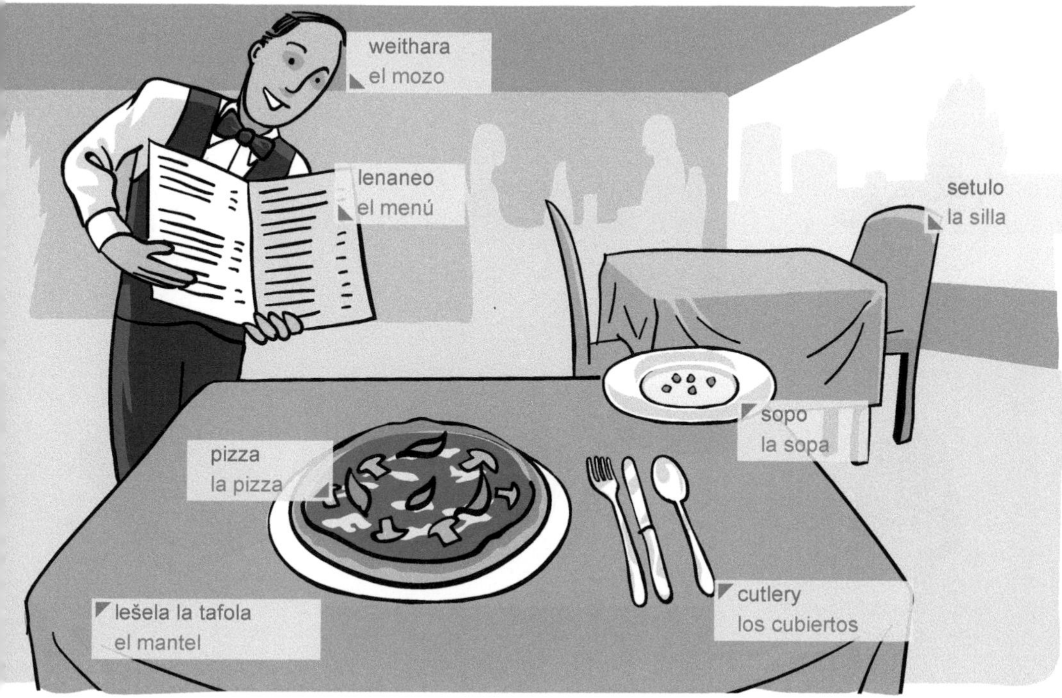
weithara
el mozo
lenaneo
el menú
setulo
la silla
sopo
la sopa
pizza
la pizza
lešela la tafola
el mantel
cutlery
los cubiertos

dijo tša mathomo

la entrada

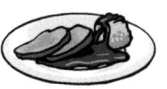

dijo

el plato principal

dimonamonane

el postre

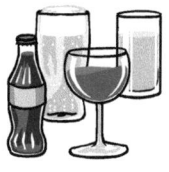

dino

las bebidas

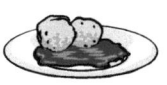

dijo

la comida

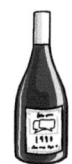

lepotlelo la ngwana

la botella

fastfood

la comida rápida

dijo tša seterateng

la comida callejera

ketlele ya tea

la tetera

poleitana swikiri

la azucarera

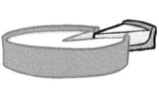

karolo

la porción

motšhene wa espresso

la cafetera expreso

setulo sa godimo

la sillita alta

tefo

la cuenta

therei

la bandeja

thipa

el cuchillo

foroko

el tenedor

lelepola

la cuchara

lelepola

la cucharita

lešela la go iphomola

la servilleta

galase

el vaso

poleite

el plato

poleite ya sopo

el plato hondo

sosara

el plato

moroto

la salsa

poto ya letswai

el salero

sešila phepha

el molinillo de pimienta

vinegar

el vinagre

makhura

el aceite

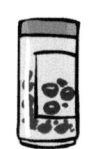

sepaese

las especias

tamatisoso

el kétchup

masetete

la mostaza

mayonnaise

la mayonesa

lebenkele la dihlare
el supermercado

dithekišo tša tlase
la oferta especial
FOR
moreki
el cliente
dijo tša go ba le maswi
los lácteos
dikenywa
la fruta
teroli
el changuito

BUTCHERS

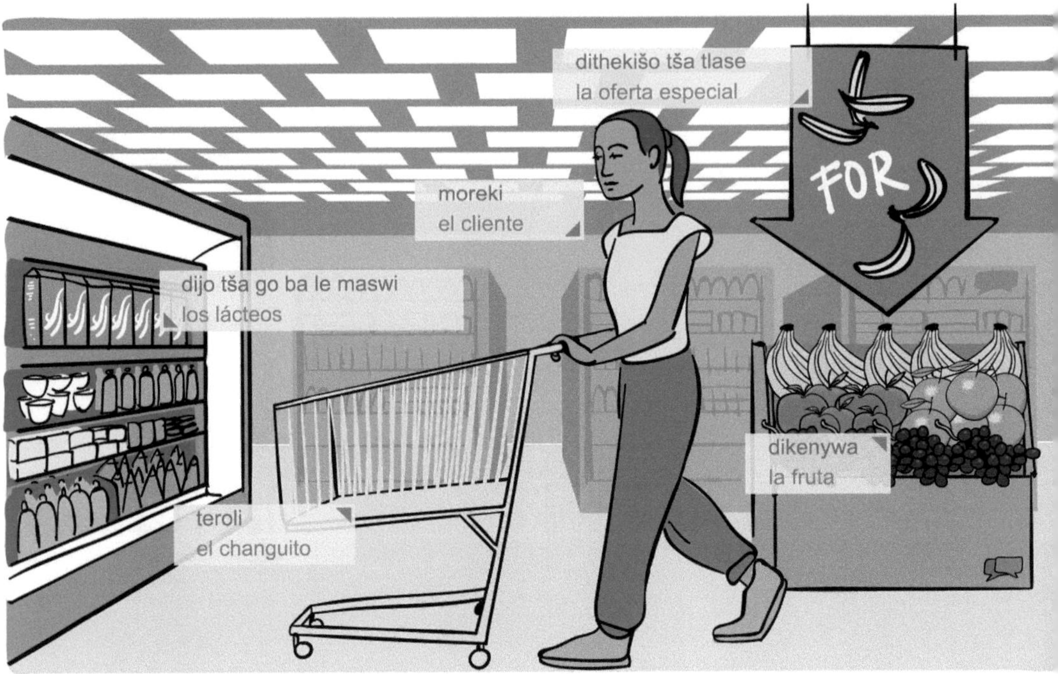

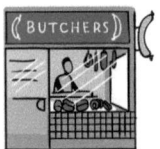

selaga
....
la carnicería

BAKERY

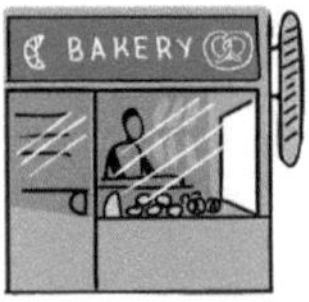

moapei wa dikuku
....
la panadería

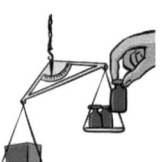

kala
....
pesar

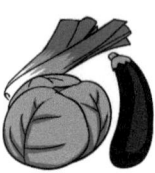

merogo
....
las verduras

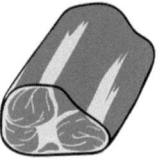

nama
....
la carne

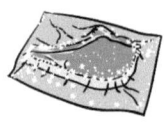

dijo tše gahlišitšwego
....
los alimentos congelados

nama ya go tonya

los fiambres

tinned food

los alimentos enlatados

sešepi sa go hlatswa

el detergente en polvo

dimonamonane

las golosinas

dilo tša ka ntlong

los electrodomésticos

didirišwa tša go hlwekiša

los productos de limpieza

morekiši

la vendedora

till

la caja

morekiši

el cajero

lenaneo la tše rekišwago

la lista de compras

diiri tša go bula

el horario de atención

sepatšhe

la billetera

karata ya mokitlana

la tarjeta de crédito

peke

la cartera

peke ya polasetiki

la bolsa de plástico

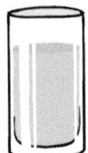

meetsi

el agua

Juice

el jugo

maswi

la leche

coke

la bebida cola

beine

el vino

bhiri

la cerveza

bjala

el alcohol

cocoa

el cacao

tea

el té

kofi

el café

espresso

el café expreso

cappuccino

el cappuccino

banana

la banana

apola

la manzana

namome

la naranja

melon

el melón

namone

el limón

carrot

la zanahoria

garlic

el ajo

bamboo

el bambú

keiye

la cebolla

mushroom

el champiñón

ditokomane

las nueces

noodles

los fideos

spaghetti

los tallarines

raese

el arroz

salate

la ensalada

ditšhipisi

las papas fritas

matapola a gadikilwego

las papas fritas

pizza

la pizza

hambeka

la hamburguesa

sandwich

el sándwich

cutlet

el churrasco

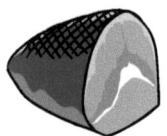

ham

el jamón

salami

el salame

sausage

la salchicha

kgogo

el pollo

gadika

el asado

hlaphi

el pescado

bogobe bja oats

los copos de avena

muesli

el muesli

cornflakes

los copos de maíz

folouro

la harina

croissant

la medialuna

dipanse

el pancito

borotho

el pan

toaster

la tostada

dipisikiti

las galletitas

botoro

la manteca

curd

la cuajada

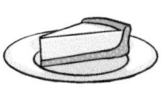

kuku

la torta

lee

el huevo

lee le gadikilwego

el huevo frito

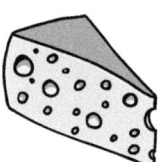

tshese

el queso

ice cream

el helado

swikiri

el azúcar

todi ya dinosi

la miel

jeme

la mermelada

chocolate spread

la pasta de chocolate

curry

el curry

polasa
la granja

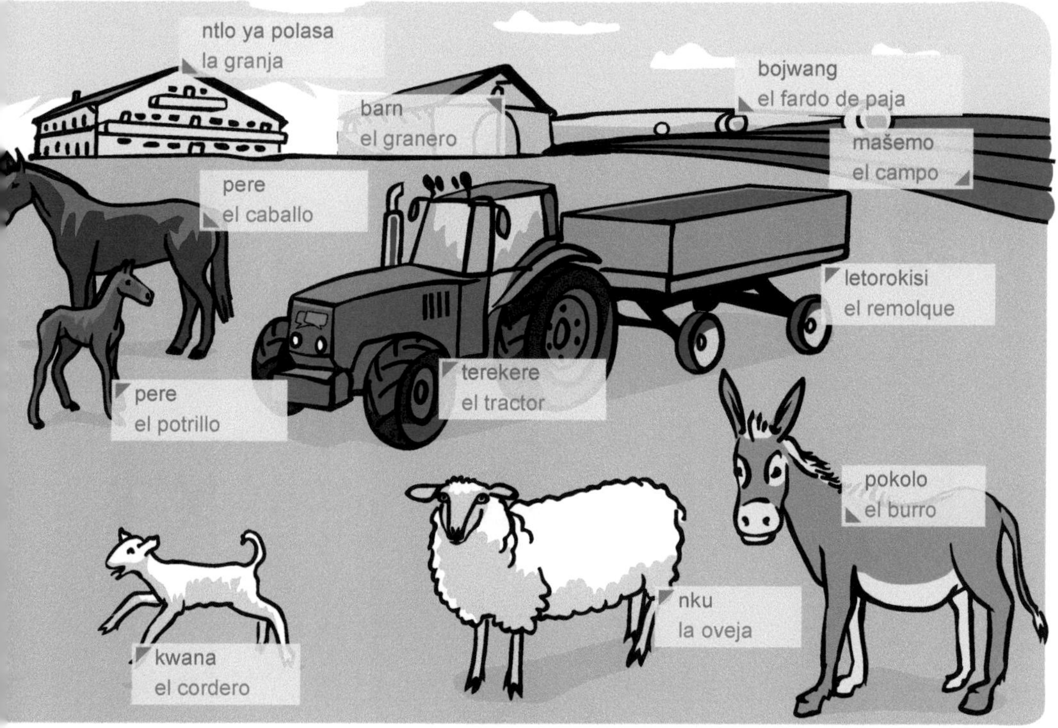

ntlo ya polasa
la granja
barn
el granero
bojwang
el fardo de paja
mašemo
el campo
pere
el caballo
letorokisi
el remolque
terekere
el tractor
pere
el potrillo
pokolo
el burro
nku
la oveja
kwana
el cordero

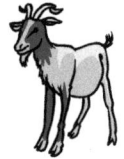

pudi

la cabra

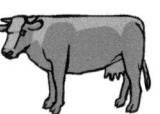

kgomu

la vaca

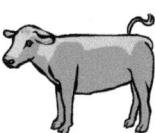

namane

el ternero

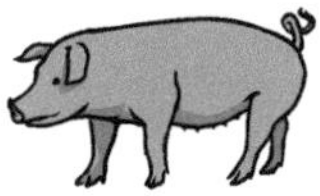

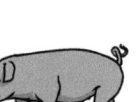

kolobe

el cerdo

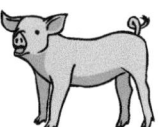

kolobjana

el lechón

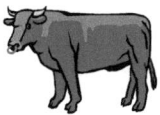

poo

el toro

leganse

el ganso

leganse

el pato

letswienyane

el pollo

kgogo

la gallina

mokoko

el gallo

legotlo

la rata

katse

el gato

legotlo

el ratón

pholo

el buey

mpšha

el perro

ntlwana ya mpšha

la cucha

lethompo la seratswana

la manguera

khene ya meetse

la regadera

peke

la guadaña

megoma ya terekere

el arado

sekele

la hoz

mogoma

la azada

foroko

la horquilla

selepe

el hacha

kiribai

la carretilla

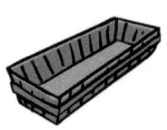

letangwana la meetsi

el abrevadero

khene ya maswi

la lechera

lesaka

la bolsa

fense

la reja

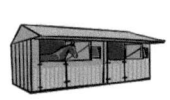

stable

el establo

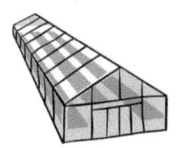

ntlwana ya galase ya
dihlare

el invernadero

mobu

el suelo

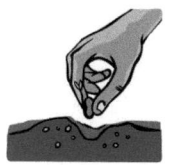

peu

la semilla

manyora

el fertilizador

motšhene wa go buna

la cosechadora

buna

cosechar

buna

la cosecha

tse monate

las batatas

korong

el trigo

soy

la soja

letapola

la papa

korong

el maíz

rapeseed

la semilla de colza

mohlare wa dikenywa

el árbol frutal

cassava

la mandioca

disereale

los cereales

ntlo

la casa

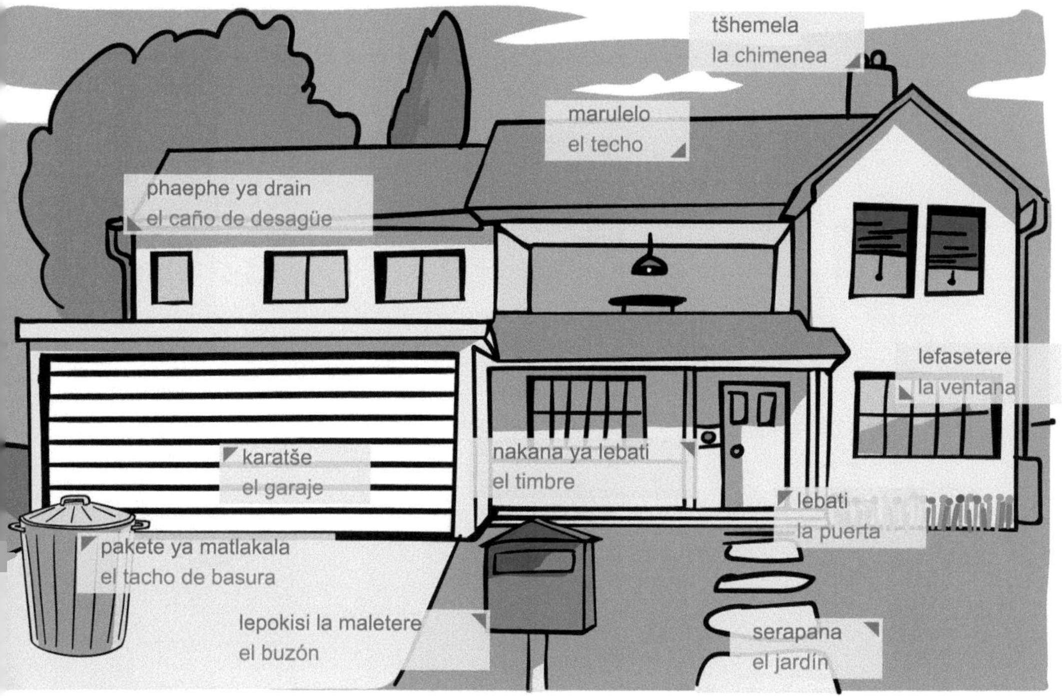

tšhemela
la chimenea
marulelo
el techo
phaephe ya drain
el caño de desagüe
lefasetere
la ventana
karatše
el garaje
nakana ya lebati
el timbre
lebati
la puerta
pakete ya matlakala
el tacho de basura
lepokisi la maletere
el buzón
serapana
el jardín

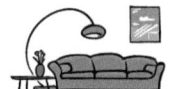

phapoši ya go dula

el living

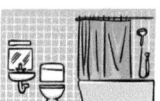

kamora ya go hlapela

el baño

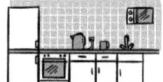

boapeelo

la cocina

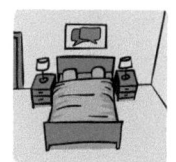

phapoši ya go robala

el dormitorio

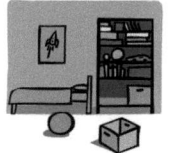

phapoši ya bana

el cuarto de los chicos

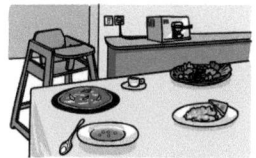

lefelo la boiketlo

el comedor

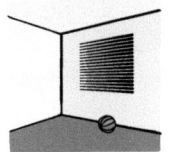

fase
el piso

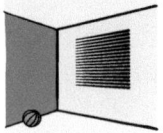

lebota
la pared

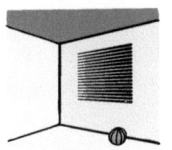

siling
el cielorraso

cellar
el sótano

sauna
el sauna

letsikangope
el balcón

lelapa
la terraza

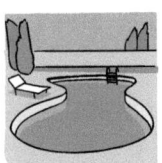

letamo la go rutha
la pileta

motšhene wa go sega bjang
la cortadora de pasto

lešela la go iphomola
la sábana

lešela la mpeto
el acolchado

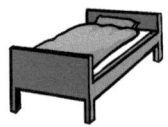

mpeto
la cama

leswielo
la escoba

pakete
el balde

pholaka
el interruptor

phapoši ya go dula
el living

senepe sa sedirišwa
el empapelado
senepe
la imagen
lebone
la lámpara
shelofe
el estante
khaboto
el armario
thelebišene
la televisión
lefelo la mollo
la chimenea
letšoba
la flor
kobo
el almohadón
sofa
el sofá
vase
el florero
remote control
el control remoto

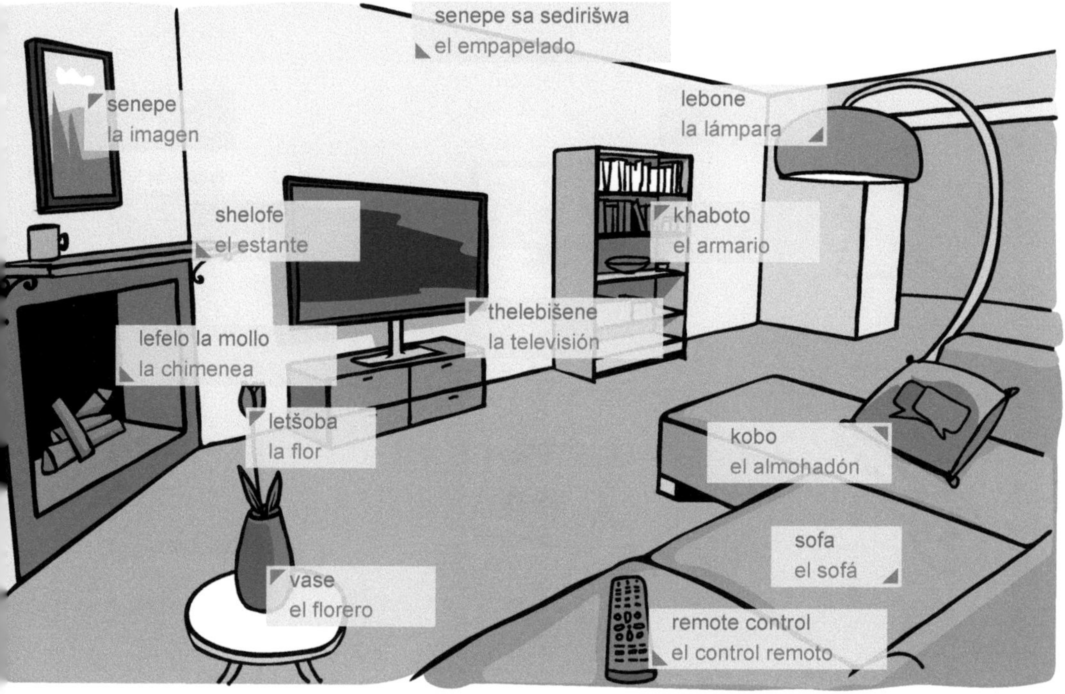

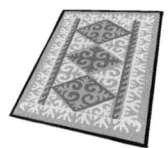

khaphete

la alfombra

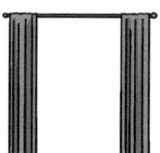

garetene

la cortina

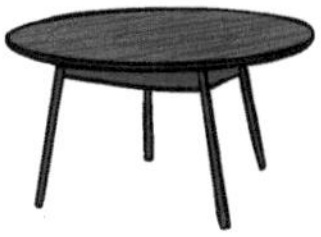

tafola

la mesa

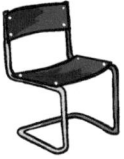

setulo

la silla

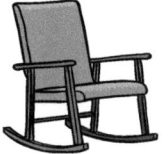

rocking chair

la mecedora

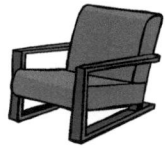

armchair

el sillón

buka

el libro

kobo

la frazada

bokgabišo

la decoración

dikota tša mollo

la leña

filimi

la película

sedirišwa sa hi-fi

el equipo de música

senotlelo

la llave

kuranta

el diario

go penta

la pintura

phouseta

el póster

radio

la radio

pukwana ya go ngwala

el cuaderno

motšhene wa go hlwekiša

la aspiradora

mohlašana wa cactus

el cactus

kerese

la vela

boapeelo
la cocina

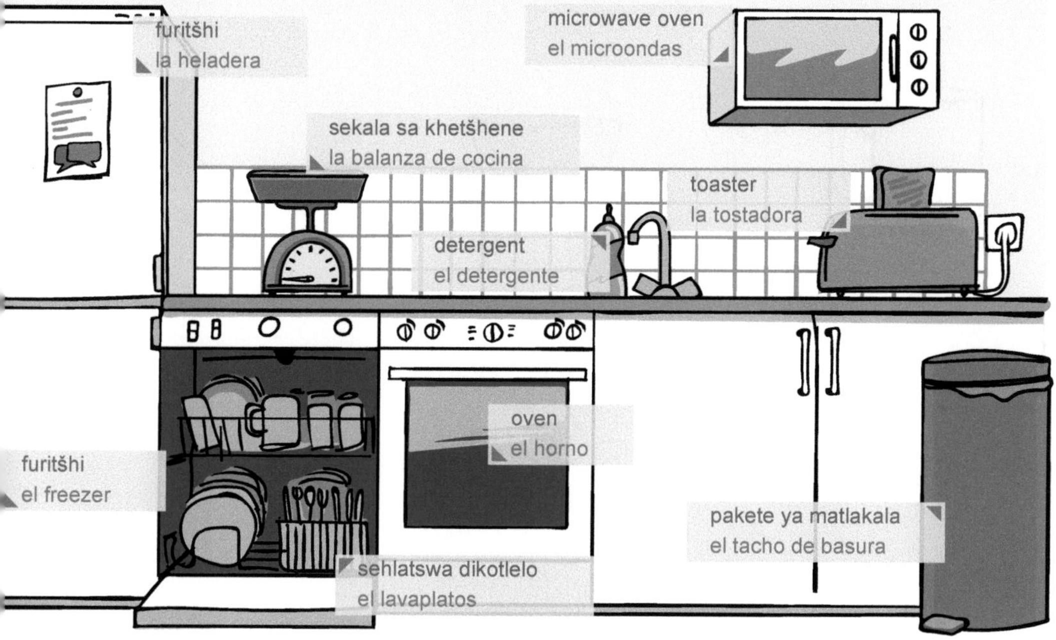
furitšhi
la heladera
microwave oven
el microondas
sekala sa khetšhene
la balanza de cocina
toaster
la tostadora
detergent
el detergente
oven
el horno
furitšhi
el freezer
pakete ya matlakala
el tacho de basura
sehlatswa dikotlelo
el lavaplatos

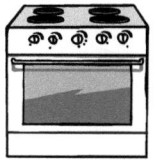

moapei
....
la cocina

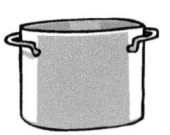

pitša
....
la olla

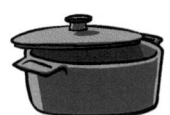

cast-iron pot
....
la olla de hierro fundido

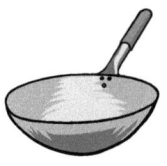

wok / kadai
....
el wok

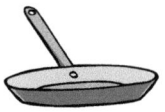

pane
....
la sartén

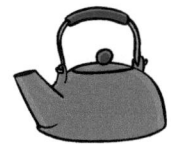

ketlele
....
la pava

steamer

la vaporera

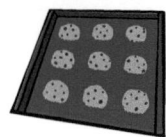

therei ya go paka

la bandeja de horno

dikotlelo

la vajilla

komiki

la taza

mogopo

el bol

diphathana tša go ja

los palitos

lelepola la ladle

el cucharón

spatula

la espátula

whisk

la batidora

strainer

el colador

sefo

el colador

kereitara

el rallador

mortar

el mortero

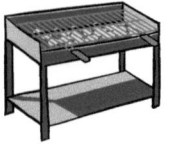

barbecue

la parrilla

thuntšha

la fogata

boto ya dijo

la tabla de picar

rolling pin

el palo de amasar

sebula lepotlelo

el sacacorchos

khene

la lata

sebula khene

el abrelatas

seswara dipoto

la manopla

sinki

la pileta

borashe

el cepillo

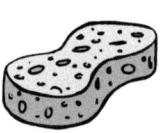

sepontše

la esponja

sehlakanyi

la batidora

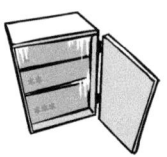

freezer

el congelador

lepotlelo la ngwana

la mamadera

pompi

la canilla

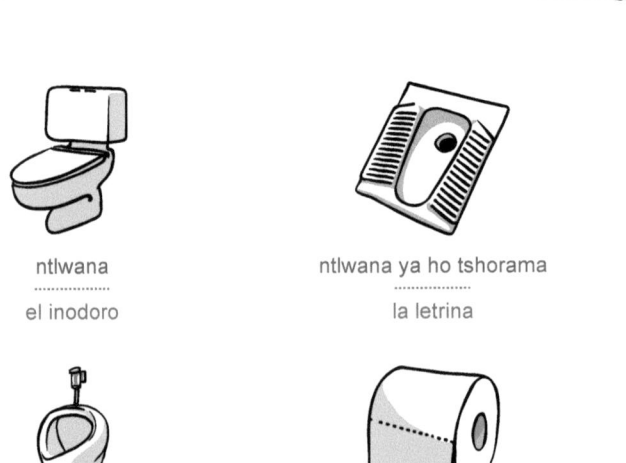

kamora ya go hlapela

el baño

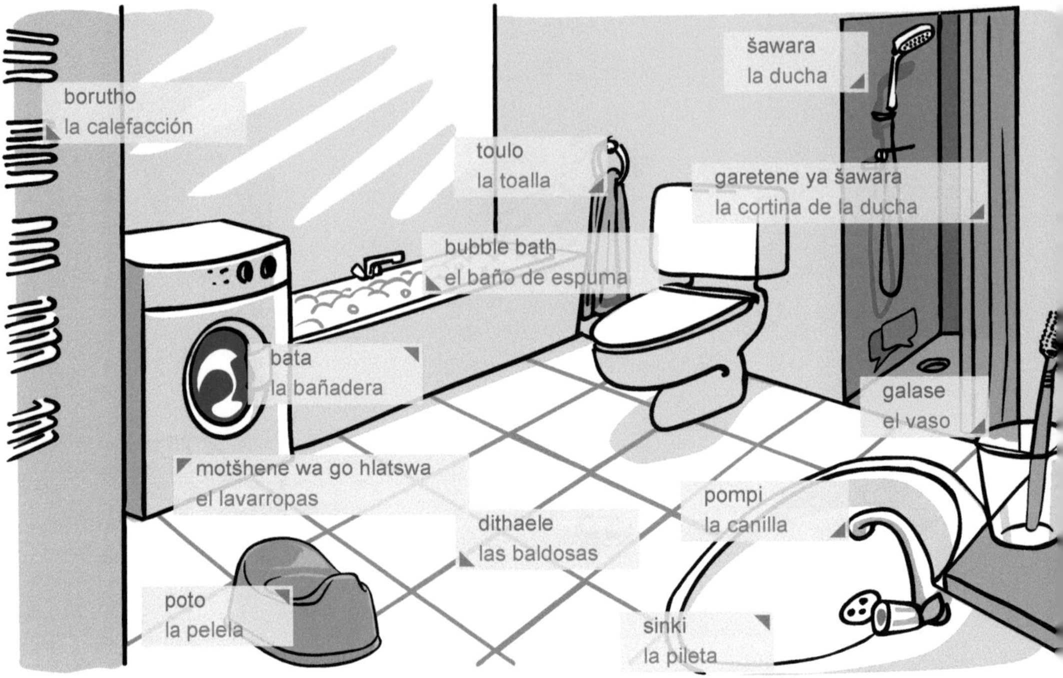

borutho
la calefacción
toulo
la toalla
šawara
la ducha
garetene ya šawara
la cortina de la ducha
bubble bath
el baño de espuma
bata
la bañadera
galase
el vaso
motšhene wa go hlatswa
el lavarropas
pompi
la canilla
dithaele
las baldosas
poto
la pelela
sinki
la pileta

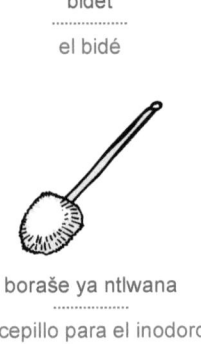

ntlwana

el inodoro

ntlwana ya ho tshorama

la letrina

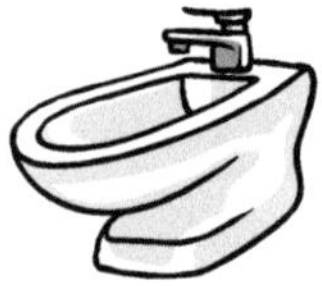

bidet

el bidé

moroto

el mingitorio

pampiri ya ntlwana

el papel higiénico

boraše ya ntlwana

el cepillo para el inodoro

boraše ya ho hlapa meno

el cepillo de dientes

sešepi sa meno

el dentífrico

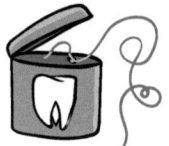

floss ya meno

el hilo dental

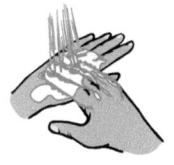

hlatswa

lavar

shawara ya go swarwa ka matsogo

la ducha de mano

douche

la ducha higiénica

basin

la palangana

back brush

el cepillo para la espalda

sešepi

el jabón

sešepi sa ka šawareng

el gel de ducha

shampoo

el shampoo

folene

la toallita

drain

el desagüe

sa go tlola

la crema

senkgiša bose

el desodorante

seipone

el espejo

sepili se senyenyane

el espejito

legare

la maquinita de afeitar

shaving foam

la espuma de afeitar

aftershave

el aftershave

kamo

el peine

boraše

el cepillo

derayara ya moriri

el secador de pelo

setlola sa moriri

el spray

makeup

el maquillaje

setlola sa molomo

el lápiz de labios

varnish ya manala

el esmalte para uñas

wulu

el algodón

sekero sa dinala

la tijera para uñas

phefumo

el perfume

pekana ya tša go hlapa

el portacosméticos

setulo

la banqueta

sekala

la balanza

toulwana ya go hlapa

la bata

ditlelafo tša rabara

los guantes de goma

tampon

el tampón

toulo ya go phumula
matsogo

la toallita femenina

ntlwana ya dikhemikhale

el baño químico

phapoši ya bana

el cuarto de los chicos

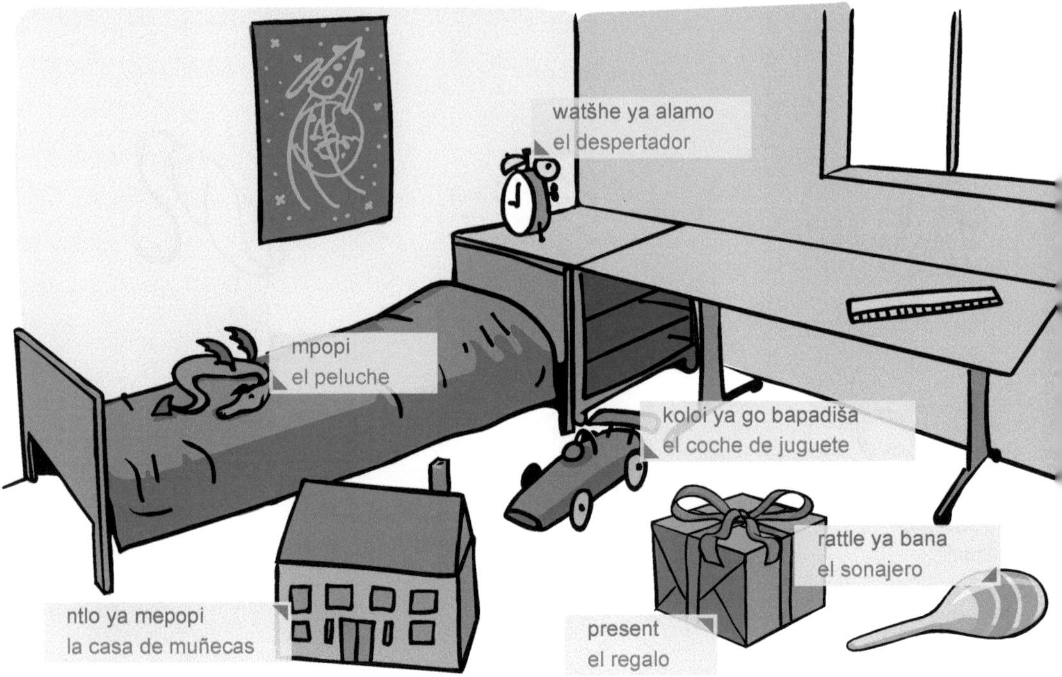

watšhe ya alamo
el despertador
mpopi
el peluche
koloi ya go bapadiša
el coche de juguete
rattle ya bana
el sonajero
ntlo ya mepopi
la casa de muñecas
present
el regalo

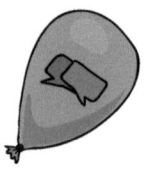

baluni

el globo

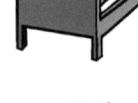

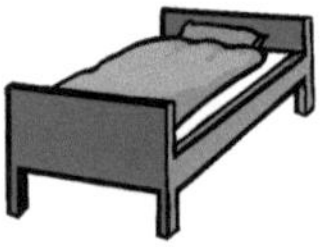

mpeto

la cama

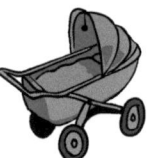

phorema

el cochecito

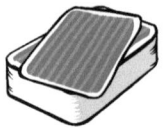

dikarata

las cartas

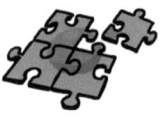

papadi ya jigsaw

el rompecabezas

SUPER MEGA

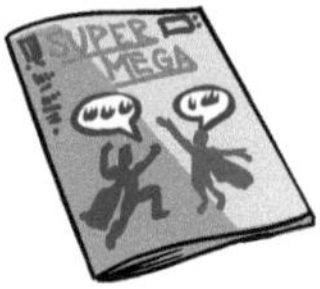

metlae

la historieta

papadi ya lego bricks

las piezas de lego

papadi ya building blocks

los ladrillos de juguete

action figure

la figura de acción

go gola ga ngwana

el enterito (de bebé)

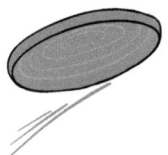

papadi ya Frisbee

el frisbee

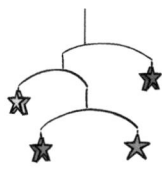

mobile

el móvil para bebés

papadi ya boto

el juego de mesa

letaese

los dados

model train set

el tren eléctrico

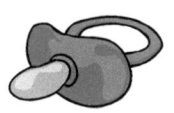

tami

el chupete

phathi

la fiesta

puku ya dinepe

el libro de cuentos ilustrado

kgwele

la pelota

mpopi

la muñeca

bapala

jugar

sandpit

el arenero

swing

la hamaca

tša go bapadiša

los juguetes

sedirišwa sa dipapadi tša bidio

la consola de videojuegos

paesekele ya bana

el triciclo

teddy bear

el osito de peluche

oteropo

el armario

diaparo

la ropa

masokisi

las medias

masokisi

las medias panty

pentihouso

las calzas

sekhafo
la bufanda

amporela
el paraguas

sekhipha
la remera

lepanta
el cinturón

sekhipha
la remera

diteki
las zapatillas

diputsu
las botas

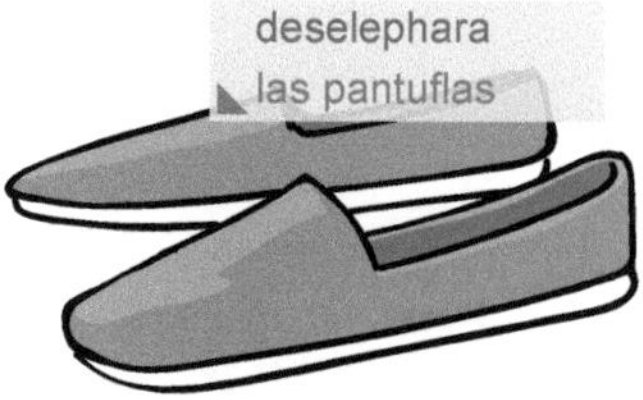

deselephara
las pantuflas

ramphešane

las sandalias

dieta

los zapatos

diputsu tša rabara

las botas de goma

borokgwana bja ka fase

la ropa interior

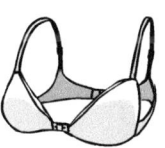

seaparo sa bra

el corpiño

besete

el chaleco

diaparo - la ropa

mmele

el body

marokgo

los pantalones

pokathe

los jeans

sekhethe

la pollera

seaparo sa blouse

la blusa

hempe

la camisa

jase

el pulóver

jase

el buzo

seaparo sa blazer

el blazer

baki

la campera

jase

el tapado

jase ya pula

el piloto

khosetumo

el traje

roko

el vestido

lešira

el vestido de novia

sutu

el traje

seaparo sa go robala

el camisón

dipejama

el pijama

sari

el sari

sekafo

el pañuelo para la cabeza

turban

el turbante

seaparo sa burqa

la burka

roko ya kaftan

el caftán

abaya

la abaya

seaparo sa go rutha

el traje de baño

diteranka

el short de baño

marukgwana a manyenyane

los shorts

terekesutu

el jogging

apron

el delantal

ditlelafo

los guantes

konope

el botón

digalase

los anteojos

boreiselete

la pulsera

nekeleise

el collar

palamonwana

el anillo

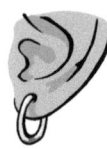

lengena

el aro

kepisi

la gorra

hengere ya jase

la percha

kefa

el sombrero

thai

la corbata

zip

el cierre

helmete

el casco

braces

los tiradores

diaparo tša sekolo

el uniforme escolar

unifomo

el uniforme

seaparo sa bib
....
el babero

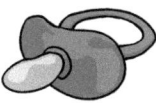

tami
....
el chupete

mongato
....
el pañal

ofisi
la oficina

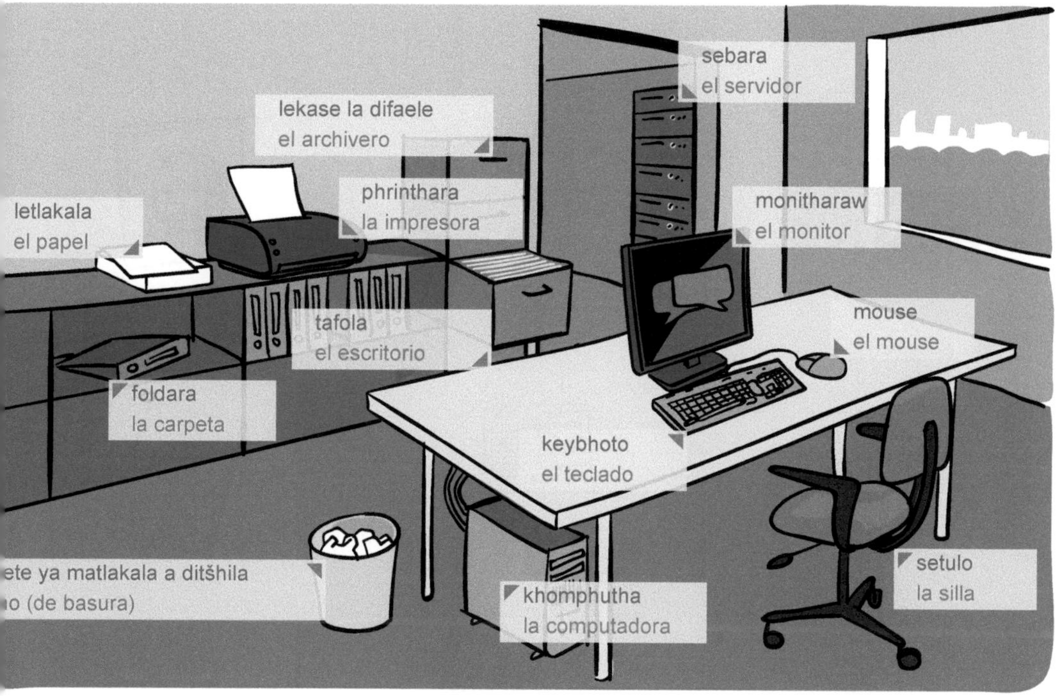

sebara
el servidor

lekase la difaele
el archivero

phrinthara
la impresora

letlakala
el papel

monitharaw
el monitor

tafola
el escritorio

mouse
el mouse

foldara
la carpeta

keybhoto
el teclado

ete ya matlakala a ditšhila
o (de basura)

setulo
la silla

khomphutha
la computadora

komiki ya kofi
....
la taza de café

khalekhuleitha
....
la calculadora

inthanete
....
el internet

laptop

la laptop

lengwalo

la carta

molaetša

el mensaje

mogalathekeng

el celular

netweke

la red

motšhene wa go photokhopa

la fotocopiadora

software

el software

mogala

el teléfono

pholaka ya sokete

el tomacorriente

motšhine wa go fekesa

el fax

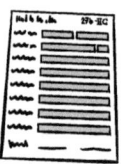

fomo

el formulario

dipampiri

el documento

reka

comprar

lefa

pagar

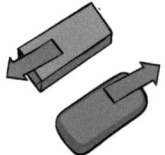

rekiša

hacer negocios

tšhelete

el dinero

dollar

el dólar

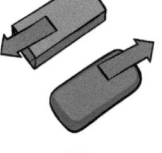

euro

el euro

yen

el yen

rouble

el rublo

Swiss franc

el franco suizo

renminbi yuan

el yuan

rupee

la rupia

lefelo la go ntšha tšhelete

el cajero automático

lefelo la go fetola tšhelete

la casa de cambio

gauta

el oro

silifera

la plata

oil

el petróleo

matla

la energía

poraese

el precio

konteraka

el contrato

motšhelo

el impuesto

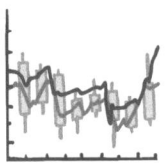

setokho

la acción

mošomo

trabajar

mošomi

el empleado

mothwadi

el empleador

feketori

la fábrica

lebenkele la dijo

el negocio

lephodisa
el policía

setimamollo
el bombero

apea
el cocinero

ngaka
el médico

mofofiši wa difofane
el piloto

nohlokomedi wa dirapana

el jardinero

mmetli

el carpintero

moroki

la modista

moahlodi

el juez

khemise

el farmacéutico

mmapadi

el actor

mootledi wa pase

el colectivero

mootledi wa thekisi

el taxista

moswara dihlapi

el pescador

mosadi wa go hlwekiša

la mucama

molokiša marulelo

el techista

weithara

el mozo

motsomi

el cazador

motho wa go penta

el pintor

mopaki

el panadero

electrician

el electricista

moagi

el albañil

moenjeneare

el ingeniero

selaga

el carnicero

polambara

el plomero

mosepediši wa poso

el cartero

mohlabani

el soldado

mothadi wa dintlo

el arquitecto

morekiši

el cajero

molemi wa matšoba

el florista

mologi wa moriri

el peluquero

molaodi

el cobrador

mekhenikhe

el mecánico

mokapotene

el capitán

ngaka ya meno

el dentista

rathutamahlale

el científico

moruti

el rabino

moetapele wa dithapelo

el imán

monk

el monje

moruti

el sacerdote

didirišwa

las herramientas

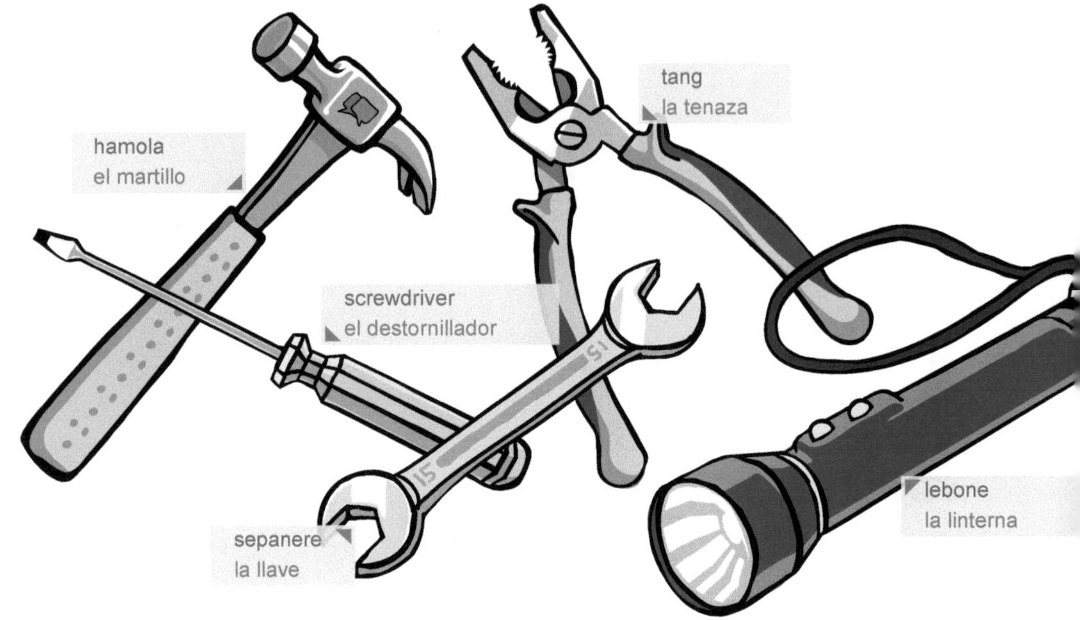
hamola
el martillo
tang
la tenaza
screwdriver
el destornillador
sepanere
la llave
lebone
la linterna

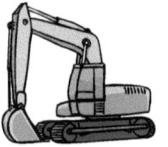

seepi

la excavadora

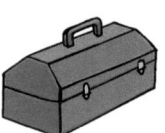

lepokisi la dithulusi

la caja de herramientas

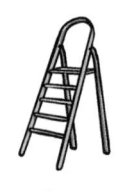

llere

la escalera portátil

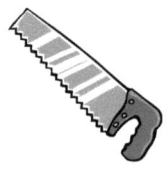

saga

la sierra

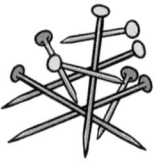

dipikiri

los clavos

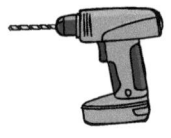

sebori

el taladro

lokiša

arreglar

garafo

la pala de jardín

ijoo!

¡Qué bronca!

seolela matlakala

la pala de plástico

pitša ya pente

el tacho de pintura

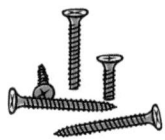

sekurufu

los tornillos

didirišwa tša mmino

los instrumentos musicales

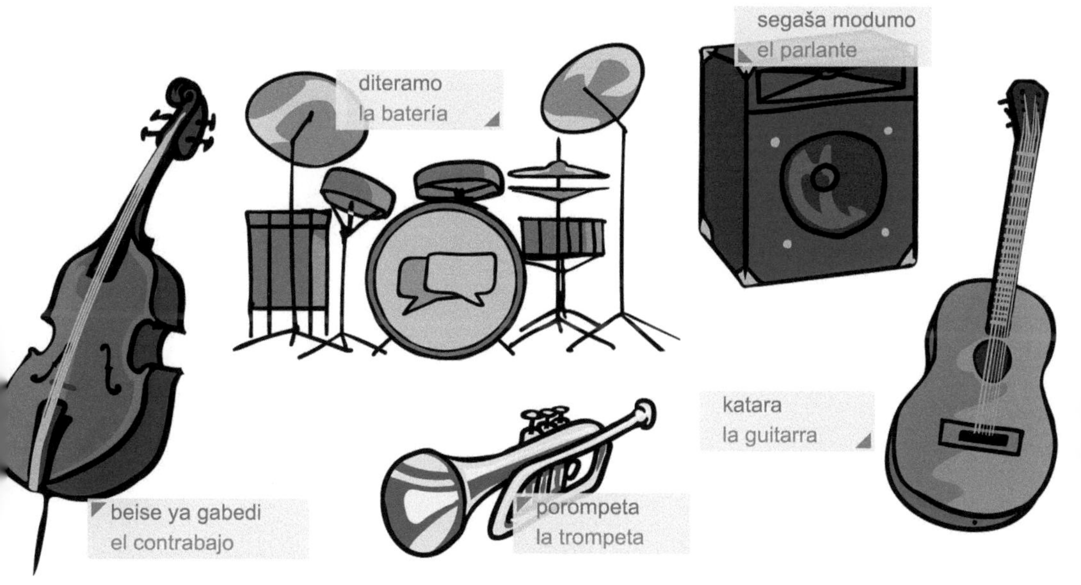

diteramo
la batería

segaša modumo
el parlante

katara
la guitarra

beise ya gabedi
el contrabajo

porompeta
la trompeta

piano

el piano

violin

el violín

beise

el bajo

timpani

los timbales

diteramo

el tambor

keybhoto

el teclado

saxophone

el saxofón

phala

la flauta

mmaekrofouno

el micrófono

zuu
el zoológico

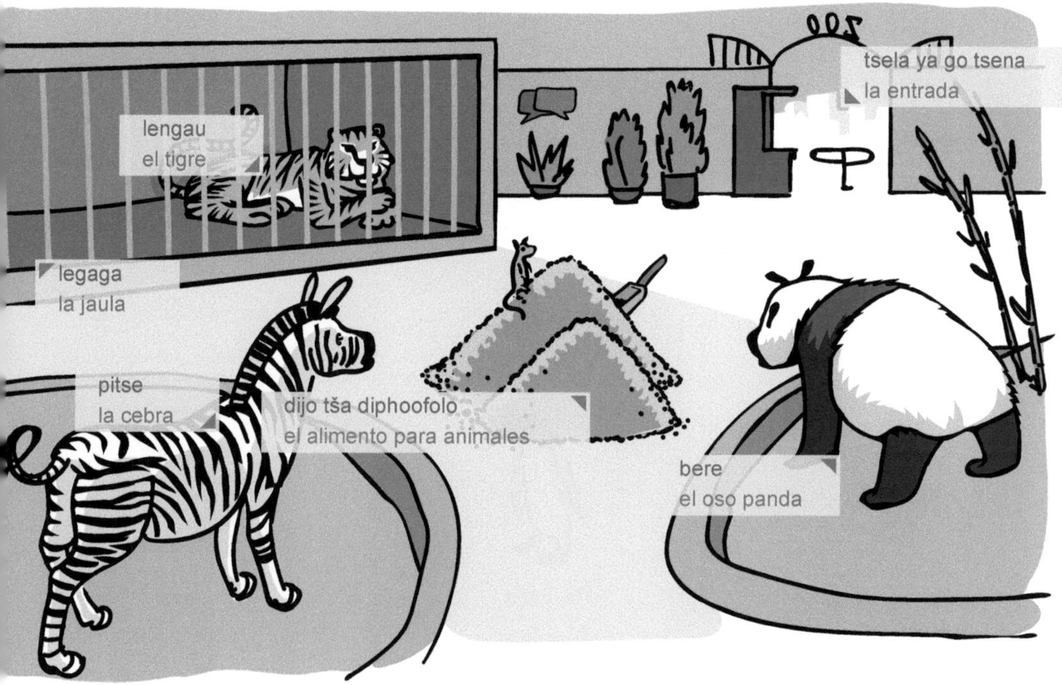

lengau
el tigre
legaga
la jaula
pitse
la cebra
dijo tša diphoofolo
el alimento para animales
bere
el oso panda
tsela ya go tsena
la entrada

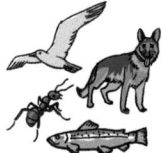

diphoofolo

los animales

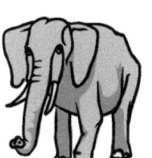

tlou

el elefante

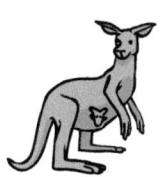

kangaroo

el canguro

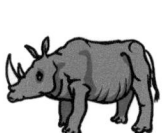

tšhukudu

el rinoceronte

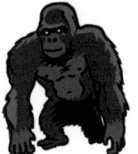

gorilla

el gorila

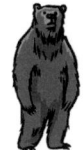

bere

el oso

kamela

el camello

mpšhe

el avestruz

tau

el león

tšhwene

el mono

nonyana ya flamingo

el flamenco

nonyana ya parrot

el loro

bere ya polar

el oso polar

penguin

el pingüino

shark

el tiburón

phikoko

el pavo real

noga

la serpiente

kwena

el cocodrilo

mohlokomedi wa di zoo

el cuidador del zoológico

sili

la foca

jaquar

el jaguar

pokolo

el poni

lepogo

el leopardo

hippo

el hipopótamo

thutlwa

la jirafa

lenong

el águila

kolobe ya naga

el jabalí

hlaphi

el pescado

khudu

la tortuga

walrus

la morsa

phiri

el zorro

phuthi

la gacela

los deportes

kgwele ya Amerika
el fútbol americano

go reila paesekela
el ciclismo

thenese
el tenis

basketball
el básquet

go rutha
la natación

ntwa ya matswele
el boxeo

hockey ya lehlweng
el hockey sobre hielo

kgwele ya maoto
el fútbol

badminton
el bádminton

bakitimi
el atletismo

polo ya matsogo
el handball

skiing
el esquí

polo
el polo

sega
reír

taboga
saltar

gokara
abrazar

sepela
caminar

opela
cantar

lora
soñar

rapela
rezar

atla
besar

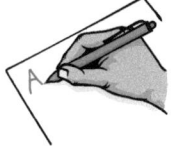

ngwala

escribir

thala

dibujar

bontšha

mostrar

kgorometša

presionar

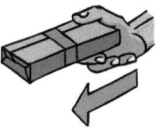

efa

dar

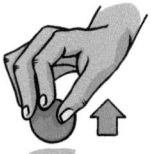

tšea

tomar

e ba le

tener

dira

hacer

eba

ser

ema

estar parado

kitima

correr

goga

tirar

lahlela

tirar

e wa

caer

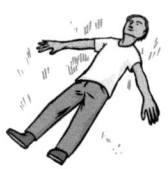

maaka

estar acostado

emanyana

esperar

rwala

llevar

dula

estar sentado

go apara

vestirse

robala

dormir

tsoga

despertar

lebelela

mirar

lla

llorar

seterouko

acariciar

kamo

peinar

bolela

hablar

kwešiša

entender

botšiša

preguntar

theetša

escuchar

e nwa

beber

eja

comer

hlwekiša

ordenar

lerato

amar

apea

cocinar

otlela

manejar

fofa

volar

sesa

navegar

khalekhuleitha

calcular

bala

leer

ithute

aprender

mošomo

trabajar

nyala

casarse

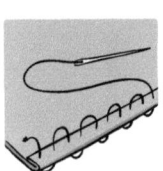

roka

coser

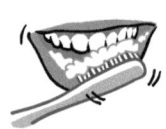

hlapa meno

cepillarse los dientes

bolaya

matar

kgoga

fumar

romela

enviar

makgolo
la abuela

rakgolo
el abuelo

tate
el padre

mma
la madre

ngwana
el bebé

morwedi
la hija

morwa
el hijo

moeng

el invitado

rakgadi

la tía

malome

el tío

abuti

el hermano

sesi

la hermana

mmele

el cuerpo

phatla
la frente
leihlo
el ojo
magetla
el hombro
monwana
el dedo
sefahlego
la cara
seledu
la pera
seatla
la mano
leoto
la pierna
letswele
el pecho
letsogo
el brazo

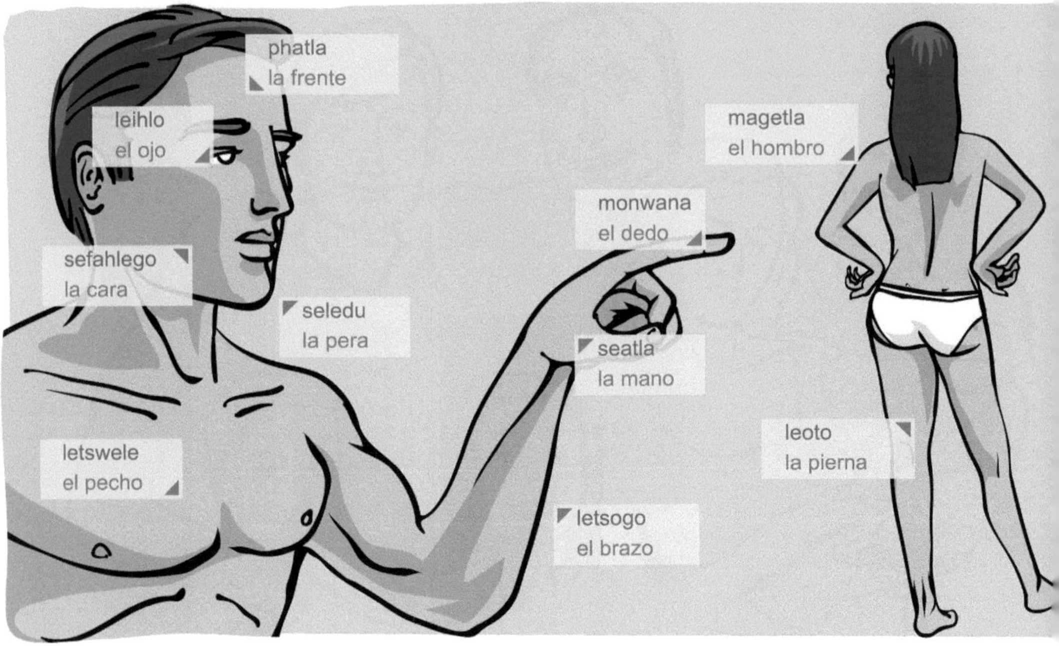

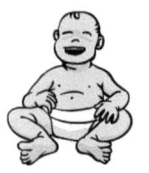

ngwana

el bebé

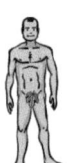

monna

el hombre

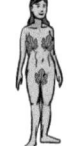

mosadi

la mujer

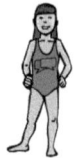

kgarebe

la nena

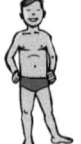

mošemane

el nene

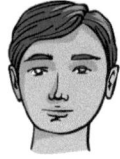

hlogo

la cabeza

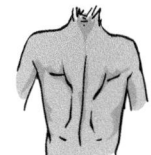

morago

la espalda

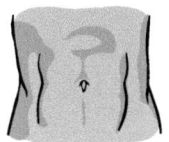

mokhaba

la panza

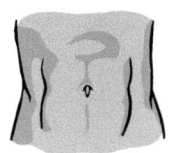

mokhubu

el ombligo

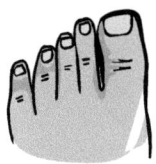

monwana

el dedo del pie

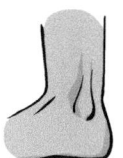

tlhako

el talón

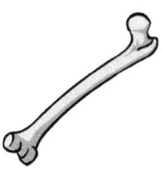

lerapo

el hueso

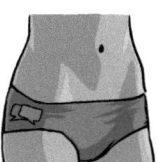

matheka

la cadera

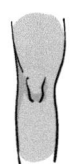

leoto

la rodilla

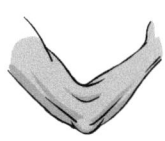

khuru

el codo

nko

la nariz

tlase

la cola

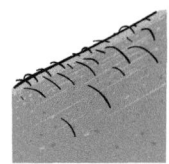

letlalo

la piel

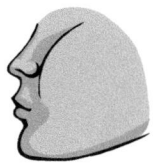

lerama

el cachete

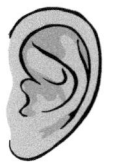

tsebe

la oreja

molomo

el labio

molomo

la boca

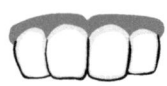

leino

el diente

Leleme

la lengua

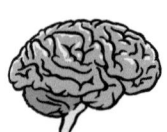

bjoko

el cerebro

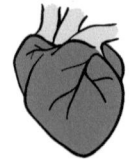

pelo

el corazón

segoba

el músculo

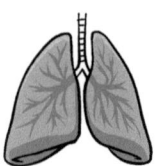

maswafo

el pulmón

sebete

el hígado

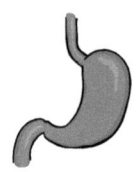

mala

el estómago

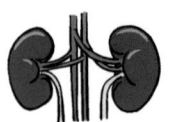

diphsio

los riñones

thobalano

el sexo

condom

el preservativo

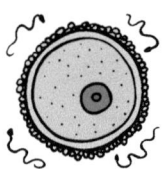

Ovum

el óvulo

matshedi

el semen

go ima

el embarazo

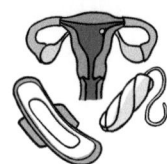

go bona kgwedi

la menstruación

setho sa bosadi

la vagina

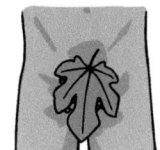

setho sa bonna

el pene

dintši

la ceja

moriri

el pelo

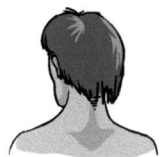

molala

el cuello

sepetlele
el hospital

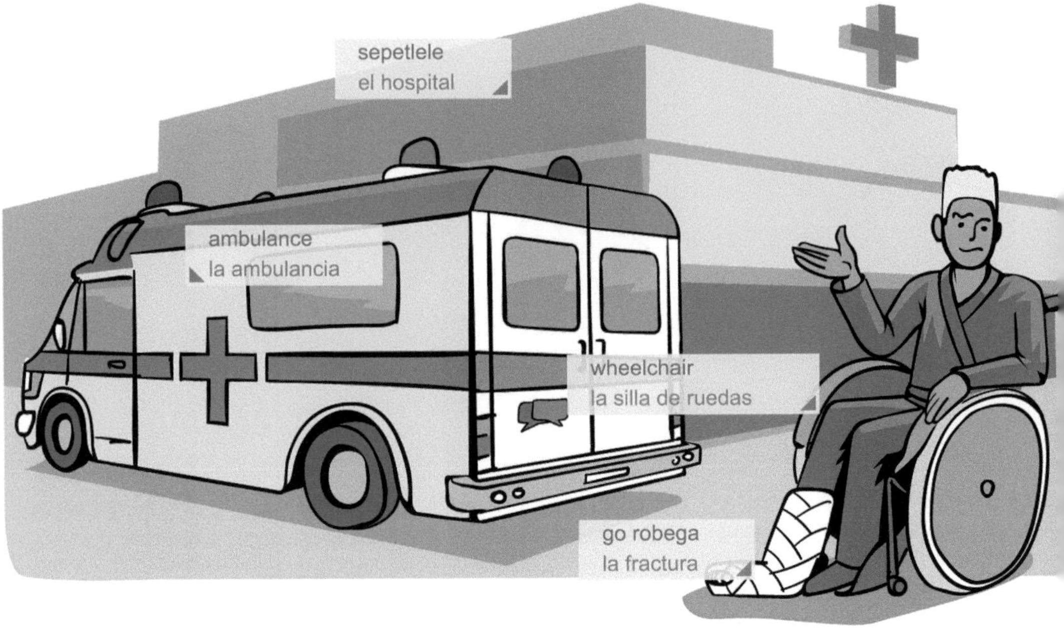

sepetlele
el hospital
ambulance
la ambulancia
wheelchair
la silla de ruedas
go robega
la fractura

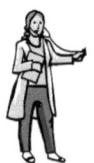

ngaka

el médico

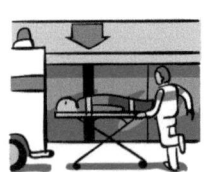

phapoši ya tša tšhoganetšo

la sala de guardia

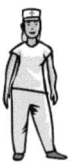

mooki

la enfermera

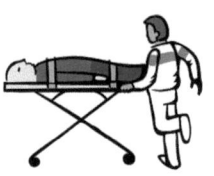

tšhoganetšo

la emergencia

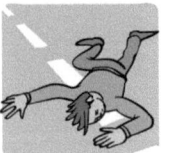

go idibala

inconsciente

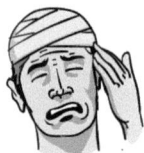

bohloko

el dolor

go gobala

la lesión

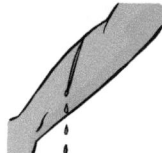

go tšwa madi

la hemorragia

bolwetši bja pelo

el infarto

setorouko

el ACV

ge mmele o ganana le dijo

la alergia

go gohlola

la tos

go gohlola

la fiebre

sehuba

la gripe

letšhollo

la diarrea

go opa ke hlogo

el dolor de cabeza

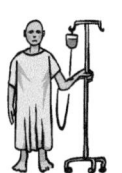

kankere

el cáncer

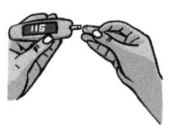

swikiri

la diabetes

mmui

el cirujano

thipa ya scalpel

el bisturí

go bulwa

la operación

CT

la TC

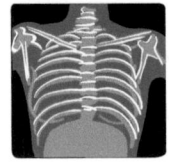

x-ray

los rayos x

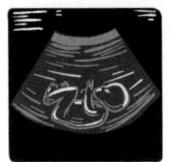

ultrasound

la ecografía

sethiba sefahlego

el barbijo

bolwetši

la enfermedad

phapoši ya go leta

la sala de espera

lehlotlo

la muleta

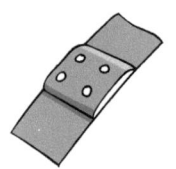

sedirišwa sa plaster

la curita

lešela la ntho

la venda

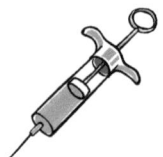

nalete

la inyección

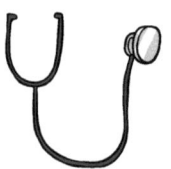

sthehosekoupo

el estetoscopio

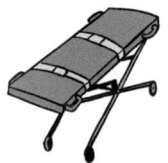

seteretšhara

la camilla

themoketha ya kgathelelo

el termómetro

go belebga

el nacimiento

mmele o mogolo

el sobrepeso

sethuša ditsebe

el audífono

disinfectant

el desinfectante

twatši

la infección

baerase

el virus

HIV / AIDS

el VIH / SIDA

dihlare

el remedio

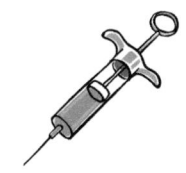

tlhabelo ya go thibela
malwetši

la vacunación

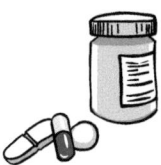

dipilisi

los comprimidos

pilisi

la pastilla anticonceptiva

mogala wa tšhoganetšo

la llamada de emergencia

sehlahlobi sa pelo

el tensiómetro

go babja / phetše gabotse

enfermo / sano

Thušo!

¡Ayuda!

alamo

la alarma

go tšhošetšwa

la agresión

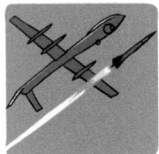

tlhaselo

el ataque

kotsi

el peligro

go tšwa ka tšhoganetšo

la salida de emergencia

Mollo!

¡Fuego!

setimamollo

el matafuego

kotsi

el accidente

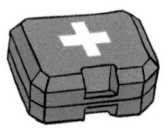

first-aid kit

el botiquín de primeros auxilios

SOS

el SOS

maphodisa

la policía

Yuropa

Europa

Amerika Bodikela

América del Norte

Amerika Borwa

América del Sur

Afrika

África

Asia

Asia

Australia

Australia

Atlantic

el Atlántico

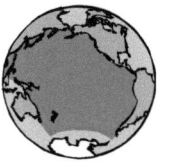

Pacific

el Pacífico

Lewatle la India

el Océano Índico

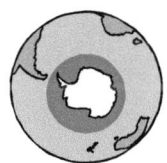

Lewatle la Antarctic

el Océano Antártico

Lewatle la Arctic

el Océano Ártico

North Pole

el polo norte

South Pole

el polo sur

Antarctica

la Antártida

Lefase

la Tierra

naga

la tierra

noka

el mar

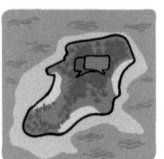

island

la isla

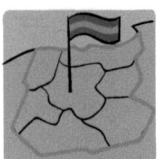

naga

la nación

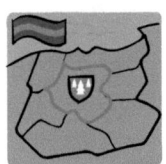

state

el estado

sešupanako sa dinomoro

la esfera

diiri tša sešupanako

la manecilla de las horas

metsotso ya sešupanako

el minutero

metsotswana ya
sešupanako
el segundero

Ke nako mang?

¿Qué hora es?

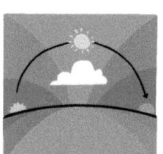

letšatši

el día

nako

la hora

gona bjale

ahora

sešupanako sa dinomoro

el reloj digital

metsotso

el minuto

iri

la hora

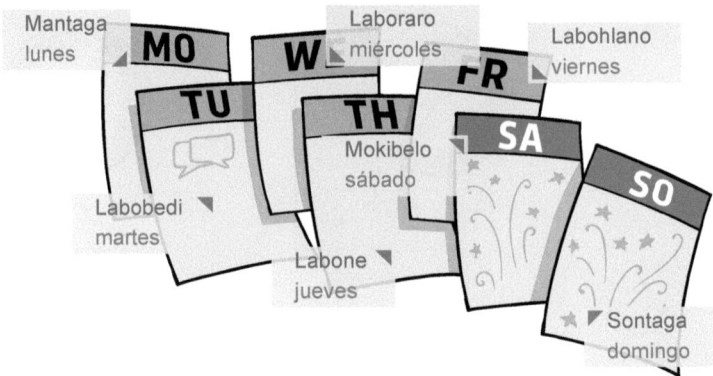

Mantaga
lunes
MO

Laboraro
miércoles
W

Labohlano
viernes
FR

TU

TH
Mokibelo
sábado

SA

SO

Labobedi
martes

Labone
jueves

Sontaga
domingo

maobane

ayer

lehono

hoy

ka moswana

mañana

mesong

la mañana

Thapama

el mediodía

mantšiboa

la tarde

MO	TU	WE	TH	FR	SA	SU
1	2	3	4	5	6	7
8	9	10	11	12	13	14
15	16	17	18	19	20	21
22	23	24	25	26	27	28
29	30	31	1	2	3	4

matšatši a kgwebo

los días hábiles

MO	TU	WE	TH	FR	SA	SU
1	2	3	4	5	6	7
8	9	10	11	12	13	14
15	16	17	18	19	20	21
22	23	24	25	26	27	28
29	30	31	1	2	3	4

mafelobeke

el fin de semana

ngwaga
el año

pula
la lluvia
molalatladi
el arco iris
lehlwa
la nieve
phefo
el viento
seruthwane
la primavera
lehlabula
el otoño
selemo
el verano
marega
el invierno

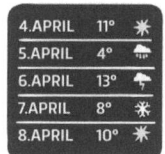

4.APRIL 11°
5.APRIL 4°
6.APRIL 13°
7.APRIL 8°
8.APRIL 10°

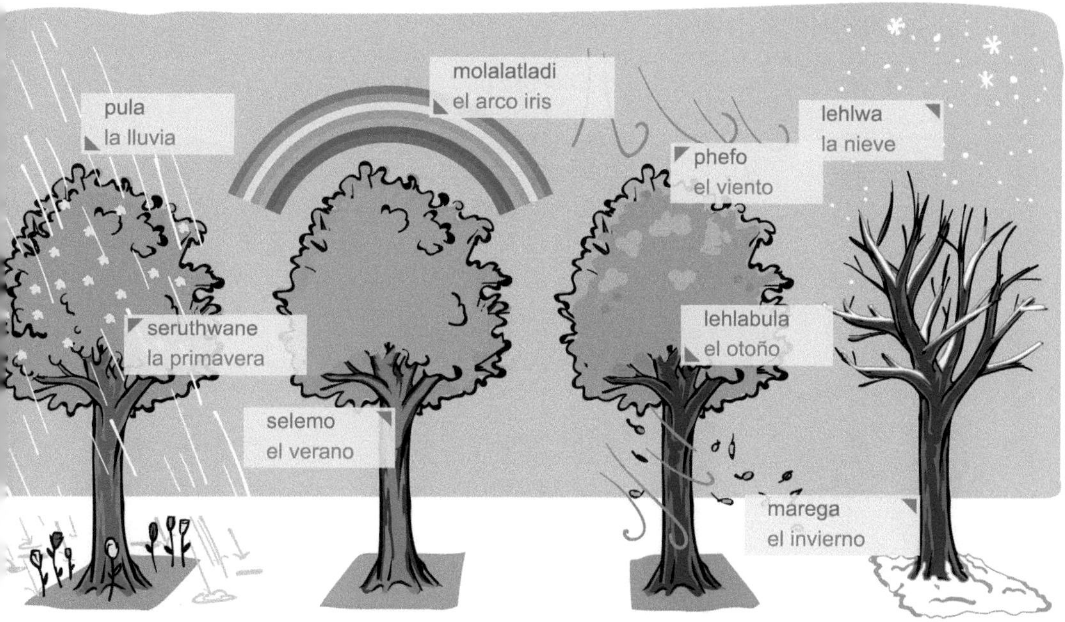

tsebišo ya leratadima

pronóstico meteorológico

F C
120 40
90 30
60 20
30 10
0 0
-30 -10
-20

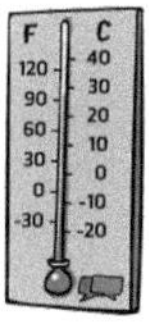

thermometer

el termómetro

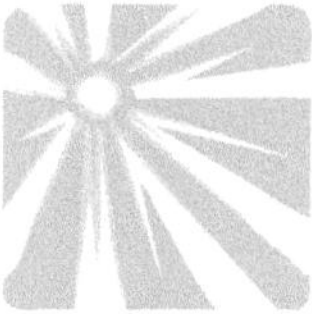

mahlasedi a letšatši

la luz del sol

maru

la nube

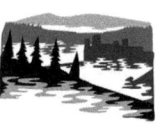

kgudi

la niebla

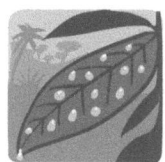

go koloba

la humedad

legadima

el rayo

legadima

el trueno

ledimo

la tormenta

sefako

el granizo

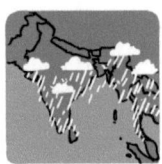

ledimo

el monzón

lefula

la inundación

lehlwa

el hielo

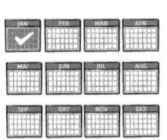

January

enero

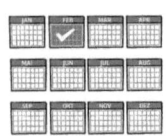

February

febrero

March

marzo

April

abril

May

mayo

June

junio

July

julio

August

agosto

September
....
septiembre

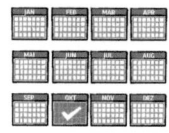

October
....
octubre

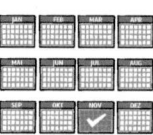

November
....
noviembre

December
....
diciembre

dibopego
las formas

nthokolo
....
el círculo

sekwere
....
el cuadrado

rectangle
....
el rectángulo

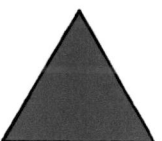

theraekele
....
el triángulo

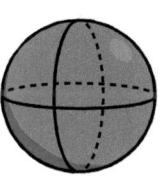

nthokolo
....
la esfera

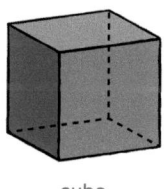

cube
....
el cubo

tshweu

blanco

kheri

amarillo

namone

naranja

pinki

rosa

khubedu

rojo

phepholo

violeta

pududu

azul

tala

verde

tshehla

marrón

kerei

gris

bontsho

negro

tše dintši / tše dinyenyane

mucho / poco

befetšwe / theotše maswafo

enojado / tranquilo

botse / befile

lindo / feo

mathomo / mafelelo

el principio / el fin

kgolo / nyenyane

grande / chico

seetša / leswiswi

claro / oscuro

abuti / sesi

el hermano / la hermana

hlwekile / ditšhila

limpio / sucio

feletše / ga se e felele

completo / incompleto

mosegare / bošego

el día / la noche

hwile / o sa phela

muerto / vivo

go bulega / go tswalelega

ancho / angosto

e a jega / ga e jege

comestible / no comestible

bobe / go loka

malo / amable

mahlahlo / go tšwafa

entusiasmado / aburrido

bokoto / bosese

gordo / flaco

mathomo / mafelelo

primero / último

mogwera / lenaba

el amigo / el enemigo

e tletše / ga e na selo

lleno / vacío

tiile / e bonolo

duro / blando

ya roba / e bobebo

pesado / liviano

tlala / mokhoro

el hambre / la sed

go babja / phetše gabotse

enfermo / sano

ga e molaong / e molaong

ilegal / legal

bohlale / lešilo

inteligente / estúpido

le letshadi / le letona

izquierda / derecha

kgaufsi / kgole

cerca / lejos

mapsha / e dirišitšwe

nuevo / usado

selo / se sengwe

nada / algo

motšofadi / mofsa

viejo / joven

laeta / tima

encendido / apagado

bula / tswalela

abierto / cerrado

homola / rasa

silencioso / ruidoso

go huma / go diila

rico / pobre

e lokilego / e sa lokago

correcto / incorrecto

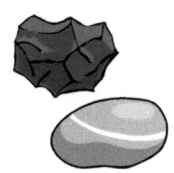

makgwakgwa / go thelela

áspero / suave

go nyama / go thaba

triste / contento

mokopana / motelele

corto / largo

go nanya / go kitima

lento / rápido

go koloba / go oma

mojado / seco

borutho / go tonya

caliente / frío

ntwa / khutšo

guerra / paz

los números

0

nnoto

cero

1

tee

uno

2

pedi

dos

3

tharo

tres

4

nne

cuatro

5

tlhano

cinco

6

tshela

seis

7

šupa

siete

8

seswai

ocho

9

senyane

nueve

10

lesome

diez

11

lesome tee

once

12

lesome pedi

doce

13

lesome tharo

trece

14

lesome nne

catorce

15

lesome tlhano

quince

16

lesome tshela

dieciséis

17

lesome šupa

diecisiete

18

lesome seswai

dieciocho

19

lesome senyane

diecinueve

20

masomepedi

veinte

100

lekgolo

cien

1.000

sekete

mil

1.000.000

milione

el millón

Seisemane

el inglés

Seisemane sa Amerika

el inglés americano

Sechina sa Mandarin

el chino mandarín

Sehindi

el hindi

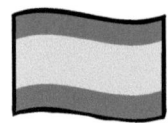

Spanish

el español

Sefora

el francés

Searabic

el árabe

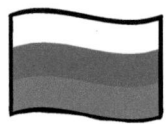

Serašia

el ruso

Sepotokisi

el portugués

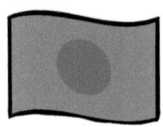

Sebengali

el bengalí

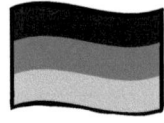

Sejeremane

el alemán

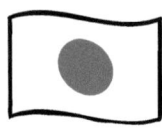

Sefapane

el japonés

Nna

yo

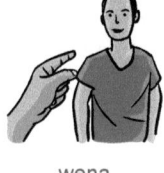

wena

vos

yena / yona

él / ella

rena

nosotros

wena

ustedes

bona

ellos

bomang?

¿quién?

eng?

¿qué?

bjang?

¿cómo?

mo kae?

¿dónde?

neng?

¿cuándo?

leina

el nombre

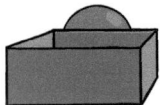

ka morago

detrás

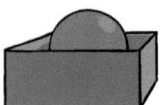

go

en

kgaufsi le

adelante de

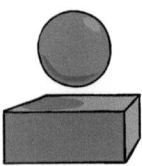

godimo ga

por encima de

go

sobre

ka tlase ga

debajo de

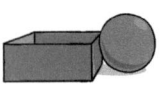

ka lehlakoreng la

al lado de

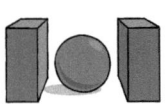

magareng ga

entre

lefelo

el lugar